ESSAI HISTORIQUE

SUR LES SEIGNEURS

DE

VALLON, LA GORCE

ET

SALAVAS

de 1257 à 1842

Par M. Jules OLLIER DE MARICHARD,

Officier d'académie,
Correspondant du ministère de l'instruction publique.

PRIVAS

IMPRIMERIE TYPOGRAPHIQUE DE ROURE

1882.

Extrait du *Bulletin* de la Société d'Agriculture, Industrie, Sciences, Arts et Lettres du département de l'Ardèche.

2me trimestre 1881.

ESSAI HISTORIQUE

sur les Seigneurs

DE VALLON, LA GORCE & SALAVAS

DE 1257 à 1842

PAR M. JULES OLLIER DE MARICHARD.

Une circonstance inattendue nous a fait découvrir au milieu de vieux papiers d'une des plus anciennes familles du pays, un précieux manuscrit qui n'est que la copie d'un volumineux mémoire que produisit en 1767 devant le parlement de Toulouse, messire Louis-Scipion-Jean-Baptiste-Urbain de Merle, comte de la Gorce, seigneur de Vallon, de Salavas, de St-Martin, et autres places, capitaine commandant de cavalerie, fils donataire de messire Louis-Charles de Merle, chevalier, baron de la Gorce, vicomte d'Eve et l'un des seigneurs barons des Etats particuliers du Vivarais, contre les consuls et communauté de Vallon, qui lui contestaient ses droits sur les bois de Vallon, et le tiers denier sur le prix des coupes de bois vendues par la communauté.

Dans ce mémoire, le comte de la Gorce énumère tous ses titres et droits seigneuriaux acquis depuis des siècles à sa famille sur les seigneuries de Vallon, et qu'il établit par la production des actes de vente, hommages et reconnaissances, qui lui ont été faits par tous les pariers, coseigneurs et seigneurs de Vallon.

La production de tous ces actes, dont la date remonte, pour le plus grand nombre, à une très-haute antiquité, ont été pour nous de bien précieux documents pour notre essai historique des seigneuries de Vallon, La Gorce et Salavas que sont venus presque compléter et les chroniques du Languedoc, les jugements sur la noblesse, du marquis d'Aubais, et principalement les notes prises dans le grand travail manuscrit de M. le vicomte Louis de Montravel, de Joyeuse, intitulé : Histoire de la noblesse et des fiefs du Vivarais.

SEIGNEURIE DE VALLON.

Les possesseurs des terres et seigneurie de Vallon nous sont peu connus au delà du *XIVe siècle*. On sait par les chroniques, que dans un temps fort reculé, la seigneurie de Vallon, dénommée *Castrum de Avalone* dans les actes de notaires de 1308, était à cette époque l'apanage de quelques familles nobles de la province du Vivarais. Le château appartenait à la famille Villate, que nous trouvons en 1380 restée seule héritière des anciens seigneurs de Vallon. Les terres étaient possédées en partie par la maison de la Gorce, par celle d'Aubenas, et celle de St-Martin.

Par suite de nombreux hommages et reconnaissances que font successivement au seigneur de la Gorce, seigneur supérieur de Vallon, les nobles de la maison d'Aubenas à ceux de la maison de St-Martin, comme pariers et coseigneurs de Vallon, de tout ce qu'ils possédaient et pouvaient posséder dans le territoire et mandement de Vallon, et en dernier lieu, en 1380, par l'union de noble Mignote Villate avec noble Giraud, chevalier, seigneur de la Gorce, toute la seigneurie de Vallon devint le domaine du seigneur de la Gorce.

Dès le commencement du XIVe siècle, nous assistons pour ainsi dire, en parcourant le manuscrit de M. le comte de la Gorce, au démembrement de tout le territoire de la sei-

gneurie de Vallon qui, pièce à pièce, passe dans celle de la Gorce, qui le possède jusqu'en 1408, époque où la seigneurie de Vallon sort de la maison de la Gorce avec l'héritière de la branche aînée des de la Gorce qui l'apporte en dot à l'un des plus grands seigneurs de France.

Divers actes prouvent que la famille de la Gorce jouissait, dès les temps les plus anciens, d'une très-haute noblesse, et qu'elle occupait un rang élevé parmi les seigneus du Vivarais ; nous voyons, en effet, un Giraud de la Gorce en 1257 et le 10 des kalendes de décembre, passer une transaction avec noble Aymard de Poitiers, comte de Valentinois, et plus tard en 1303 et le 25 juillet, noble Albert de la Gorce assister, en compagnie de noble Pierre de Vogué, Pons de Mirabel et Guillaume de Balazuc, seigneurs de la plus haute noblesse du Vivarais, à l'assemblée des seigneurs de la sénéchaussée réunis à Montpellier pour juger le différend intervenu entre le pape Boniface VIII et Philippe le Bel.

Le premier acte mentionné dans le manuscrit porte la date du 10 des kalendes de mai 1300. Dans cet acte messire Guillaume d'Aubenas, évêque de St-Paul-trois-châteaux, comme parier du château de Vallon, et en raison de son patrimoine, reconnaît à noble Albert, seigneur de la Gorce, tenir à fief franc et honoré tout ce qu'il possède et peut posséder dans le château, mandement et territoire de Vallon, notamment la justice haute et basse et tous les droits y attachés, etc.

Le 23 septembre 1316, le même Albert de la Gorce, seigneur de la Gorce et seigneur suzerain de Vallon, fait lui-même hommage à noble Beraud, seigneur de Joyeuse, de toute la juridiction du château, mandement et territoire de Vallon, dont l'acte contient l'énumération.

Le 7 novembre 1349, un nouveau seigneur de la Gorce, dénommé noble Géraud ou Giraud, chevalier, seigneur de la Gorce, seigneur supérieur de Vallon, *superiore domino*

Castri de Avalone, reçoit hommage de noble Béatrix de St-Martin, fille de Guillaume de St-Martin, parier du château de Vallon, de tout ce qu'elle possède dans le château et mandement de Vallon.

Le titre de chevalier que l'on donne ici à noble Giraud de la Gorce semblerait désigner le plus infime degré de la noblesse, mais le titre de seigneur supérieur de Vallon par lequel il est désigné, indique qu'il avait droit de porter le titre de chevalier qui appartenait à cette époque à toutes les personnes nobles de noms et d'armes. Les chevaliers seuls pouvaient porter bannières, paraître dans les tournois, revêtir un collier d'or et une armure dorée, placer girouette sur le haut de leurs manoirs, porter dans leurs armoiries un sceau particulier. Ils prenaient le titre de messire ou de monseigneur et leurs femmes celui de madame. En échange de ces prérogatives, ils juraient d'obéir sans réserve aux ordres de leur dame et de leur roi.

Ce noble Giraud de la Gorce, chevalier, dont nous retracerons plus loin l'histoire, reçoit par acte du 8 novembre 1375, de Julcon de Berc, du mas des Salelles paroisse de St-Maurice-d'Ibie, hommage de tout ce qu'il possédait sur le territoire de Vallon comme administrateur de ses enfants et de noble Hermessinde Latget, dame de St-Martin, leur mère.

C'est au même Giraud de la Gorce que par acte du 28 juillet 1376, noble dame Vierne de St-Martin, épouse de Jean Decan, fait hommage de sa part de la seigneurie de Vallon, et notamment la troisième partie du seizième de la juridiction du château et territoire de Vallon.

Ce ne sont pas les seuls hommages qui justifient que les terres du lieu de Vallon sont les attributs de la maison de la Gorce : on voit encore par deux actes du même jour, le 10 juin 1396, que ce fut en faveur du même Giraud de la Gorce, chevalier, seigneur de toute la supériorité de Vallon, et, en vertu d'un acte de vente antérieur, en date du 15 novembre 1380, à eux faite par Giraud de St-Laurent, coseigneur de Vallon que les nobles Etienne, Guillaume et Hillaire Nogier frères, d'Aubenas, qui n'étaient cependant ni descendants ni parents de la maison d'Aubenas, lui cèdent tous leurs droits dans le château fort, district et mandement de Vallon, la huitième partie de la justice haute et basse ainsi que la blache appelée de Pouls, qu'ils possédaient en vertu de l'acte de vente précité. Par le second acte du même jour, noble Marguerite, épouse de noble Aymar de Taulignan, fille et héritière de noble Pons de Tessel, d'Aubenas, cède aussi ses droits au même seigneur de la Gorce qui, en 1398, après son mariage avec Mignote Villate, dame de Vallon, avait ainsi réuni sur sa tête la presque entière saigneurie de Vallon, en fait hommage au seigneur de Joyeuse, par acte du 18 janvier 1398. Dans cet acte, Giraud de la Gorce reconnaît au seigneur de Joyeuse, tant le château que l'entière juridiction de Vallon, les hommages quelconques tant nobles que ruraux, les fiefs et arrières fiefs et généralement tous les droits et devoirs des anciens pariers et coseigneurs de Vallon.

A partir de cette époque, malgré quelques lacunes regrettables qu'il sera très-difficile pour ne pas dire impossible de combler, faute de documents aujourd'hui disparus ou anéantis, la seigneurie de Vallon, devient, pendant une période de près de 500 ans, l'apanage successif de sept familles, dont nous allons retracer l'histoire.

En l'an 1398, comme on l'a vu, Vallon est en la possession de la famille Villate et sous la suzeraineté du seigneur de la Gorce, par son mariage avec Mignote Villate, dame de Vallon.

De cettte alliance, il ne fut procréé qu'une fille, Anne de

la Gorce, qualifiée de dame et baronne de la Gorce, de Vallon, de Salavas, de Mirabel, de Grospierres, Vals et autres places. (1)

Héritière de la branche aînée des de la Gorce, Anne de la Gorce dut être recherchée en mariage par les plus grandes familles des environs. Ce fut, en effet, un des plus grands seigneurs de France qui obtint sa main.

Son mariage fut traité le 8 mai 1408 avec haut et puissant seigneur Béraud de Châteauneuf-Randon, seigneur, comte d'Apchier, baron de Vabre, Vazeilles, St-Chelys d'Arzens et de Montaleyrac, dans le Gévaudan, l'un des cinq enfants de Guérin, comte d'Apchier et de Blanche, Dauphine d'Auvergne. (2)

Toutes les terres et les droits féodaux que possédait la maison de la Gorce dans la seigneurie de Vallon passèrent alors sur la tête du comte d'Apchier, ainsi que la moitié des terres de la Gorce restées en apanage à noble Anne de la Gorce, son épouse, du chef de Giraud de la Gorce, chevalier, son père, suivant acte de partage antérieur à son mariage, passé entre la branche aînée et la branche cadette des de la Gorce. Dans cet acte on qualifie de coseigneurs de Vallon les membres de cette branche cadette, à cause des droits qu'avait dû se réserver Giraud de St-Laurens, de la branche cadette, sur les terres de Vallon qu'il avait vendues aux frères Nogier d'Aubenas. Beraud de Châteauneuf-Randon, comte d'Apchier prit possession du château et mandement de Vallon qu'il administra et améliora, pendant 48 ans de sa vie.

Beraud d'Apchier testa le 20 février 1452, laissant de son union avec Anne de la Gorce deux fils : 1° Claude, baron d'Apchier ; 2° Jean d'Apchier.

(1) Histoire de la noblesse du Vivarais, manuscrite, par M. le vicomte Louis de Montravel de Joyeuse.
(2) id. id.

Claude, baron d'Apchier, seigneur de la Gorce, Vallon et Salavas lui succède, mais il meurt tout jeune, en 1472, laissant pour héritier son frère, Jean d'Apchier ; durant sa courte existence, il augmenta encore le territoire de la seigneurie de Vallon, par l'hommage d'une portion du territoire que lui fit, le 14 juin 1465 noble Imbert du Cheylard, époux de noble Alazie d'Esparzon, coseigneuresse de Vallon.

Jean, baron d'Apchier, après la mort de son frère, avait épousé, le 1er novembre 1451, Anne de Ventadour ; il testa le 28 juin 1476, et mourut peu de jours après, laissant un fils, Jacques, baron d'Apchier, seigneur de la Gorce, de Vallon, Salavas, et Mirabel, qui épousa Marie de Bretenoux, testa le 9 janvier 1523, et mourut en 1525 laissant un fils, François Martin, baron d'Apchier, né le 11 novembre 1509, mort en 1575 (1).

François Martin. baron d'Apchier, avait épousé en 1526 Noble Claude Chalancon et de Rochebaron et en eut un fils Jean, baron d'Apchier, seigneur de la Gorce et de Salavas, vicomte de Vazeilles, né le 29 août 1539, qui fut tué dans la terre de Vissac par Tristan de Taillac, baron de la Margerite le 24 juin 1586, laissant plusieurs enfants ; il fut le dernier seigneur des terres de la Gorce, de Salavas et de Mirabel que cette branche de la famille d'Apchier avait possédées pendant la période de 76 ans.

Jacques, baron d'Apchier, incapable d'administrer et gérer toutes les terres dont il était chargé, avait vendu lui-même le 17 novembre 1486 et au prix de 550 livres tournois, les terres de Vallon et de Mirabel à la famille des Astards de Laudun, du diocèse d'Uzès, et s'était retiré avec sa famille dans le château de Salavas.

(1) Le marquis d'Aubaïs, jugt sur la noblesse du Languedoc. D'après M. de Montravel, Jacques d'Apchier se serait marié deux fois : 1° à Jeanne de Chabannes ; 2° à Marie de Caylus-Castelnau.

Jean d'Apchier, vicomte de Vazeilles avait quitté sa famille pour aller dans la Haute-Auvergne et le Gévaudan se ranger sous la bannière de ses aïeux les barons d'Apchier de St-Chelys et combattre les religionnaires et les fougueux partisans que commandait le capitaine protestant Mathieu Merle, d'Uzès. Dans une entrevue entre ces deux chefs, Jean d'Apchier promit de lui vendre la seigneurie de Salavas et la baronnie de la Gorce s'il voulait rendre au duc d'Anjou, la ville de Mende qu'il détenait. Nous verrons plus loin le résultat de cette promesse et quelles en furent les conséquences pour la famille Merle.

Les terres de Vallon et Mirabel sont, dès le 17 novembre 1486, en la possession de la famille des Astards qui en jouit pendant 73 ans. Elles avaient été acquises par les frères des Astards, Charles, Joachim et Guillaume, fils de messire Antoine des Astards.

Joachim reçoit le 16 février 1488 une investiture pour ses terres et mandement de Mirabel, de Louis de Montlaur, seigneur d'Aubenas; plus tard le 20 septembre 1505, c'est Noble Jean de Bornet de Raveyron qui lui fait reconnaissance du quart de la terre de Paravalos.

Charles, seigneur de Vallon, par son alliance avec Noble Jeanne de Laudun, en 1493, prend le titre de seigneur de Laudun. Il est plus que probable que Charles mourut bientôt après l'acquisition des seigneuries de Vallon et de Mirabel ; on ne trouve plus son nom mentionné sur aucun acte postérieur à 1486. Cependant ce n'est qu'une simple supposition, qu'une lacune regrettable dans nos archives ne nous permet pas de confirmer, on sait seulement qu'il laissa cinq enfants: 1° Joachim ; 2° Guillaume ; 3° Marie ; 4° Christophe ; 5° François.

Marie sa fille, épousa Jean de Bournet ou Bornet de Raveyron, et testa à un âge fort avancé, étant veuve, laissant trois enfants, un fils et deux filles mentionnnés dans son testament reçu Me Peschier, notaire à Vallon, en date du 7 mars 1595.

Christophe, que l'historien de la noblesse du Vivarais, dit être fils de Joachim, aurait épousé, suivant le marquis d'Aubais, Jeanne de Grasse de Bar. Il en eut deux enfants : 1° Jean des Astard, mort chevalier de Malte en 1562 ; 2° Claude des Astards, qui fut tué à la bataille de St-Denis le 10 novembre 1567, laissant une fille, Diane des Astards, qui épousa 1° Jean de Bousquet ; 2° de Ratte de Cambons. Claude avait eu en partage la seigneurie de Laudun qu'il avait vendue au vicomte de Joyeuse au prix de 37.700 livres tournois (1).

François des Astards, dernier fils de Charles des Astards, seigneur de Laudun, de Vallon, coseigneur de Mirabel, mourut jeune laissant son fils Jean des Astards sous la tutelle de son aïeule maternelle Michelle de L'Estrange, Dame de Ribes, épouse de noble Barthélemy de Borne, seigneur de Laugères. Jean des Astards mourut écuyer, laissant tous les biens de sa famille et tous ses droits sur la terre de Vallon à noble Jeanne de Borne, sa cousine germaine. Il fut le dernier seigneur de Vallon de la famille des Astards.

A l'occasion de cet héritage, la famille de Borne procéda au dénombrement de tout ce que contenait le château et territoire de Vallon, et le fils de Michelle de l'Estrange, François de Borne, écuyer, au nom de sa mère, fait hommage, le 2 janvier 1559, à Messire Guillaume, vicomte de Joyeuse, savoir du château, de la juridiction haute, moyenne et basse, droits de rentes et cens, domaines et propriétés et tout autre chose qu'il prend dans le mandement du dit Vallon, qu'il baillera par dénombrement et déclaration (2).

(1) Jugt de la noblesse du Languedoc du marquis d'Aubais.
(2) Manuscrit de M. le baron de la Gorce (Archives de Vallon).

Ce fut à peu près l'époque des troubles religieux qui commençaient à agiter toute la province du Vivarais, aussi ce dénombrement et cette déclaration ne purent être faits et ratifiés que le 8 mars 1681 à la princesse Marie de Lorraine, duchesse de Guise et de Joyeuse, par messire François Dupont, comte de Vallon, comme nous le verrons plus tard (1).

Jeanne de Borne, dame de Vallon ne s'établit pas de suite dans son château de Vallon. La province étant à cette époque pleine de troubles et sans cesse agitée par des soulèvements entre catholiques et protestants, soutenus les uns par les Anglais qui occupaient quelques provinces du Vivarais, les autres par les princes, il s'en suivait nécessairement peu de sécurité pour les possesseurs des grandes terres et fiefs de la province et chacun cherchait protection auprès des seigneurs les plus puissants du pays. Jeanne de Borne avait confié la garde de son château aux habitants de Vallon, qui furent les premiers à abuser de la confiance de leur suzeraine, pour tout piller et saccager pendant son absence, comme c'est consigné dans un acte en date du 25 août 1569, où sous le titre : *extrait du verbal d'incendie du château de Vallon*, la dame de Vallon s'y plaint de ce que les religionnaires, après avoir promis de garder le fort et château de Vallon, s'en étaient rendus maîtres et se répandaient de là dans la campagne où ils enlevaient le bétail et commettaient d'autres brigandages ; que non seulement ils occupaient sa maison par la force, qu'ils s'étaient même emparés de ses autres biens, l'empêchant de faire cultiver son domaine » (2). Jeanne de Borne cherche, dès ce moment, un protecteur, et se marie avec un noble seigneur du voisinage

(1) Manuscrit de M. le baron de la Gorce (Archives de Vallon).
(2) Tableau des actes du procès du baron de Lagorce (Archives de Vallon).

messire Antoine-François de la Beaume, seigneur d'Uzer et de Taurier, qui prend le titre de seigneur de Vallon. De cette union vinrent deux enfants : 1° Jean de la Beaume ; 2° Marie de la Beaume.

Marie de la Beaume fut mariée (1) à noble Jean de la Gorce, seigneur de la Roque et de St-Laurent, fils de Guillaume de la Gorce et de Catherine Blesson. Jean de la Gorce distrait de son patrimoine des terres de la Gorce un bois communal qu'il vend, par acte du 6 août 1599, à la communauté de Vallon (2).

Jean de la Beaume, qualifié comte de Vallon, épouse en 1594 Françoise de Montagu-Beaume, dite la jeune dame de Vallon, lorsqu'elle se remaria en 1612, et mourut, laissant ses biens, y compris Vallon, aux six enfants issus de son premier mariage.

Le 10 juin 1601, noble Jean de la Beaume, seigneur de Vallon, et noble Herail de Merle, baron de la Gorce, et seigneur de Salavas, acquiescent devant Me Peschier, notaire à Vallon, à une transaction passée entre les habitants de Vallon et ceux de la Gorce pour la délimitation de leur territoire (3).

Parmi les six enfants issus de Jean de la Beaume et de noble Françoise de Beaume, nous remarquerons : 1° Christophe de la Beaume, l'aîné, qui mourut célibataire ; 2° François de la Beaume, qualifié seigneur, comte de Vallon, chambellan de Monsieur, frère du roi, mourut en 1631, sans enfants de son mariage, laissant ses biens à ses sœurs. L'aînée de celles-ci eut en partage la terre de Vallon, la seconde, Jeanne de Labeaume, épousa Jacques de Surville,

(1) Le 15 janvier 1584.
(2) Archives de Vallon.
(3) id. id.

seigneur de Malaval (1). Elle est bien connue par son instruction, sa bonté et ses souffrances. De concert avec son père qui était un lettré, elle avait étudié et revu les poésies de Clotilde de Surville, aïeule de son mari, se proposant de les livrer au public.

Malheureusement, torturée par les atroces souffrances d'un cancer, elle succomba avant d'avoir terminé son œuvre, vivement regrettée par les habitants de Vallon, dont elle était la providence. (2)

La troisième, Gasparde, dame de Taurier, épousa Claude de Borne, seigneur de Beaumefort, duquel n'ayant pas d'enfants, elle laissa ses biens à son neveu, fils de sa sœur aînée. Cette sœur aînée, Marie Marthe, dame de Vallon, épousa, le 30 juin 1625, Antoine Molin du Pont, Seigneur du Pont de Mars, qui devint, par le mariage, seigneur et comte de Vallon. Il testa le 17 août 1660, laissant cinq enfants de son union avec Marthe de la Beaume : 1° François Dupont, seigneur de Vallon ; 2° Christophe ; 3° Raphaël ; 4° Marie-Antoine ; 5° Guillaume, tous cinq mentionnés dans le testament de leur père.

(1) En ce qui touche Jeanne de Labeaume, épouse de Jean de Surville, seigneur de Malaval, sa personnalité est plus indiscutable que celle de Clotilde de Surville qu'on lui donne pour devancière en poésie Si Clotilde de Surville n'est aux yeux de la critique historique et littéraire qu'un personnage légendaire, malgré tous les efforts que le marquis de Surville a faits à la fin du dernier siècle, pour en prouver la réalité, il en est autrement de Jeanne de Labeaume, dite Jeanne de Vallon. Grâce à son intelligence développée par l'étude, à son goût pour les lettres, et aux leçons de son père, homme fort lettré pour l'époque, Jeanne de Vallon, morte bien jeune encore, produisit des poësies remarquables qui ont vraisemblablement trouvé place, moyennant quelques modifications, dans le recueil apocryphe de celles publiées sous le nom de Clotilde. Il est à présumer que Jeanne était l'auteur de diverses pièces dont les fragments s'étaient conservés par tradition au sein d'anciennes familles, les plus notables du pays, dont le souvenir existait encore au commencement de ce siècle, ainsi que l'atteste M. Peschaire-Florian, né en 1781, décédé en 1863 ; par suite, il demeure avéré que Jeanne de Labeaume née à Vallon, ayant vécu à Vallon, a été une poëte remarquable par son talent.

(Note de M. E. Villard de Vallon).

(2) Extrait de l'*Histoire de Surville,* manuscrite, par le vicomte Louis de Montravel.

A la mort de son père, en 1661 ou 1662, François Dupont comte de Vallon ; épousa en 1663 Catherine de Castrevielle, fille du fameux chef catholique, seigneur de Castrevielle, qui prit une part très-active aux troubles de religion, sous les ordres du vicomte de Joyeuse, alors gouverneur du Languedoc. De cette union naquirent plusieurs enfants dont nous avons relevé les noms dans les registres du baptistère des archives de Vallon.

1° Jean-François Dupont, né le 4 mars 1664, ne reçut le baptême que le 8 janvier 1668 ; il eut pour parrain Antoine-Christophe Dupont de St-Romain, et pour marraine, dame Blanche de Castrevielle.

2° Hignace Dupont, né le 17 décembre 1664, baptisé le 2 ȷanvier 1668, dans l'église de Sablières, son parrain fut noble Amable Daniel de Chastel, seigneur de Bonneville, et la marraine noble dame de Combladour de Montréal.

3° Françoise-Angélique Dupont, née le 11 février 1667, qui eut pour parrain son frère Hignace Dupont, et pour marraine demoiselle Marie-Justine de Vernon. Elle reçut le baptême dans l'église de Largentière, le jour qu'elle prit le voile, le 8 octobre 1681.

4° Marie-Louise de Vallon, née le 14 avril 1668 ; elle eut pour parrain messire Henri de Montvallat, comte d'Antraigues, et pour marraine madame Marie de Grignan, abbesse de la Villedieu ; 5° Henri Dupont de Vallon, né le 12 octobre 1669.

M. le vicomte de Montravel nous fournit quelques renseignements complémentaires sur cette famille que nous n'avons pu trouver dans nos archives locales (1) :

« Ainsi, Dame Isabeau Dupont qui épousa le 9 juillet 1659, Just de Combladour fils de Jacques de Combladour, seigneur de Montréal et d'Antoinette de Molette-Moranger, est la fille

(1) Extrait d'une lettre de M. de Montravel en date du 5 mars 1881.

d'Antoine Dupont, comte de Vallon et non la sœur, ainsi mentionnée par le marquis d'Aubais. C'est elle qui, devenue dame de Combladour, fut marraine d'Ignace Dupont, son neveu. Le jeune Ignace Dupont, seigneur comte de Vallon, ajoute-t-il, eut plusieurs enfants, deux fils et une fille ; l'aîné Ignace, comte de Vallon et le cadet dénommé le chevalier de Vallon qui furent tous deux tués en Bohême au service du Roi, et ce fut Mgr l'évêque de Viviers qui fut chargé d'annoncer cette douloureuse nouvelle à madame la comtesse de Vallon leur mère. Sa fille, Louise-Françoise Dupont, sœur des deux officiers tués, épousa messire Antoine de Roure de Brizieux et étant veuve, vendit par acte du 8 décembre 1747, la terre de Vallon (1) à Louis Charles de Merle de la Gorce, baron de la Gorce, seigneur de Salavas et autres places, lequel cette même année rendit hommage de cette terre au prince Charles de Lorraine, duc de Joyeuse, de qui, la terre de Vallon relevait, comme nous le verrons plus loin dans les actes passés aux barons de la Gorce.

Après tant d'années de vicissitudes, de démembrements, de changements de possesseurs, la terre de Vallon se retrouve de nouveau sous la suzeraineté des de la Gorce ; mais les derniers acquéreurs de cette terre ne sortent pas de la maison de la Gorce primitive ; leur titre et droits ne datent que de l'acte d'acquisition de la Baronie de la Gorce et de la seigneurie de Salavas, faite en 1581, par le capitaine Mathieu Merle, chef de cette seconde famille de la Gorce aux d'Apchiers, barons de la Gorce et seigneurs de Salavas, Vallon et Mirabel, dont les de Merle prirent les titres et

(1) Il y a ici erreur de date de l'acte de vente de cette terre au baron de la Gorce, car l'acte reçu Me Sabatier, notaire à la Gorce, est du 8 décembre 1748, et le prix stipulé fut de 150.000 livres et 2,400 livres d'épingles.

L. de Montravel. Histoire de la noblesse du Vivarais.

droits seigneuriaux que cette seconde branche a possédés jusqu'à son extinction, le 5 février 1842.

SEIGNEURIE DE LA GORCE.

La maison de la Gorce existait avant le douzième siècle et devait être très puissante si l'on en juge par ses alliances et la nomenclature des seigneuries qu'elle possédait dans tout le Vivarais.

Dès 1300, le seigneur de la Gorce était seigeur suzerain de Vallon, et l'un des pariers de cette seigneurie ; il possédait en outre dans l'étendue de cette juridiction, le domaine de la Farrete ou Chastard et celui d'Avols, qui furent dénombrés dans l'hommage fait par noble Albert seigneur des châteaux de la Gorce et de Vallon à noble Beraud, seigneur de Joyeuse, par actes du 18 des kalendes de mai 1300, et 23 septembre 1316, et celui fait au même seigneur de Joyeuse, par acte du 19 juillet 1362, et 13 janvier 1398, par noble Giraud de la Gorce, seigneur supérieur de Vallon, par droits seigneuriaux et attributs de justice qu'il possédait en vertu des hommages à lui faits sur Vallon par la maison d'Aubenas, par actes du 16 juin 1396 et 14 juin 1485, et par la maison de Saint-Martin, par actes du 7 novembre 1349, 8 novembre 1375 et 28 juillet 1376, comme pariers et coseigneurs de Vallon ; enfin par la possession presque totale du territoire de Vallon, par son mariage en 1380, avec l'héritière des anciens seigneurs de Vallon, noble Mignote Villate.

Comme il est très difficile, pour ne pas dire impossible de reconstituer l'histoire d'un grand nombre de familles, non-seulement déjà éteintes aux croisades et depuis, mais même celles disparues pour ainsi dire de nos jours, pendant la tourmente révolutionnaire, on doit s'en tenir aux documents que les chroniques nous ont conservés, sauf plus tard à les rectifier par la découverte de quelques nouveaux titres inattendus et jusqu'ici ignorés.

La seigneurie de la Gorce, n'a été possédée que par trois familles, depuis l'an 1257 jusqu'en 1789 ; si l'on y ajoute la possession de la famille de Merle de la Gorce qui en a joui jusqu'au 5 février 1842, depuis 1580, cette seigneurie aurait existé pendant 585 ans.

Le premier seigneur de cette terre, dont le nom est relaté par des actes, est celui de Giraud, seigneur de la Gorce qui fait une transaction avec Aymard de Poitiers comte de Valentinois, le 14 des kalendes de décembre 1257. Giraud Ier de nom, est le chef de la famille de la Gorce. Les armes de cette famille étaient de gueule aux trois rocs d'échiquier d'or 2 et 1.

Vient ensuite, en 1300, noble Albert, seigneur dénommé des châteaux de la Gorce et de Vallon, actes de 1300 et 1316. Nous ignorons si c'est le frère ou le fils de Giraud Ier de la Gorce. A partir de lui, la famille de la Gorce, forme deux branches, la branche aînée dont le chef est Hugues de la Gorce, seigneur de la Gorce, ussi dénommé seigneur de Salavas, et celui de la branche cadette, Giraud II seigneur de Saint-Laurens.

Hugues de la Gorce épousa vers 1320 Alize d'Oriol, dame d'Oriol, Reviran et en partie d'Auzon, et prend le titre de seigneur de Salavas, Reviran, Oriol et en partie d'Auzon. Il eut de cette union, trois enfants : 1° Pierre; 2° Mengone et 3° Ennemonde.

Pierre de la Gorce, fils aîné, eut pour fils noble Giraud de la Gorce, chevalier, 3e de nom, seigneur de la Gorce, seigneur supérieur de Vallon, qui fut père de Anne de la Gorce, laquelle épousa en 1408 Beraud de Chateauneuf-Randon, baron d'Apchier.

Mengone fut mariée deux fois, fit son héritier son neveu Giraud III, le chevalier de la Gorce.

Ennemonde de la Gorce (1), dame de Salavas, de Reviran, d'Oriol et en partie d'Auzon, héritière des biens du haut-Vivarais, venant de sa mère, testa en 1381 ; elle avait épousé, le 20 décembre 1350, Guillaume-Bermond d'Anduze, seigneur de Sceautres et de Rochessauve et en partie de Largentière qui, suivant le marquis d'Aubais, testa le 21 février 1352, sans postérité ; suivant M. de Montravel (2), il aurait eu un fils et une fille qui moururent sans postérité, et leurs biens passèrent à Antoinette de Bermond d'Anduze, qui les porta en 1395 à son mari, Philippe de Lévis IV, seigneur de Lavoulte.

La branche cadette de la maison de la Gorce eut pour chef Giraud II, seigneur de Saint-Laurens, coseigneur de Vallon suivant les hommages des frères Nogier d'Aubenas du 16 novembre 1380, et 18 juin 1396; il eut pour fils Heliot de la Gorce qui fut père d'Antoine de la Gorce, seigneur de Vallon, comme il est mentionné dans les patentes de Henri II du mois d'août 1558. Antoine de la Gorce testa le 5 juillet 1560 et fut père de Guillaume de la Gorce qui, suivant la décernation de tutelle qu'il fit à ses enfants, le 16 octobre 1560, avait épousé Catherine Blisson, dont il eut plusieurs enfants, parmi lesquels nous remarquons Jean de la Gorce, son fils aîné, qualifié de seigneur de la Roque et de Saint-Laurens, qui épousa le 15 janvier 1584, Marie de la Beaume, dame de Vallon, fille d'Antoine-François de la Beaume, seigneur de Tauriers et de Jeanne de Borne.

La seigneurie de la Gorce est devenue une Baronnie par l'alliance d'Anne de la Gorce avec les barons de Chateau-

(1) Ennemonde de la Gorce est la même dame de Salavas, de Reviran, d'Oriol et en partie d'Auzon que le marquis d'Aubais, dans ses mémoires, dénomme Ermessinde de la Gorce.

(2) Histoire de la noblesse du Vivarais manuscrite.

neuf d'Apchier, et se trouve, dès 1408, possédée par les deux branches de la famille de la Gorce. Les Chateauneuf d'Apchier jouirent de la possession de Vallon, la Gorce, Salavas et Mirabel, pendant cinq générations jusqu'en 1581, excepté cependant Vallon et Mirabel qui furent, comme nous l'avons déjà vu, aliénées en 1486 à la famille des Astards.

Le 29 juin 1581, la baronnie de la Gorce et la seigneurie de Salavas passent sur la tête du fameux capitaine protestant, Mathieu Merle.

Mathieu Merle, suivant quelques chroniqueurs, était fils d'un simple cardeur de laine d'Uzès, Antoine Merle ; suivant d'autres, il était le troisième fils d'Antoine Merle qui se qualifie noble dans son testament fait à Uzès en 1555.

Entré en service en 1568 dans les gardes du baron d'Acier, devenu ensuite duc d'Uzès, il passa sous les ordres de son beau-frère M. de Peyre. Après la Saint-Barthélemy, où périt M. de Peyre, Merle réunit une trentaine de ses coreligionnaires et s'empara de Malzieu, petite ville du Gevaudan, où pendant l'année 1573 il résista aux attaques de tous les seigneurs catholiques. Plus tard il s'empara d'Issoire, s'y maintint, et en fut nommé gouverneur à la signature de la paix en 1576. La guerre civile ayant éclaté de nouveau, il s'empara de la ville de Mende en 1578 et pendant deux ans soumit les habitants à de fortes contributions de guerre. Il leva une garde de cent chevaux légers et cinquante arquebusiers à cheval. Il garnit les remparts de deux gros canons et une batarde provenant de la fonte de la fameuse cloche, que l'on tenait dans toute la France comme non pareille, et distribua une grande quantité de balles à tous ses partisans. C'est au milieu de ces dispositions belliqueuses que

Jean (1), baron d'Apchier, vicomte de Vazeille, vint lu offrir la vente de la baronnie de la Gorce au prix qu'il fixerait lui-même, en échange de la reddition de la ville de Mende au duc d'Anjou et par là faciliter la paix. Le capitaine Mathieu Merle accepta les clauses de la paix, et le 25 juin 1581, il devint acquéreur, non-seulement de la seigneurie de Salavas au prix de 800 livres, mais aussi de la baronnie de la Gorce qui ne lui coûta pas grand chose, car elle fut en partie payée par les habitants de la Gorce (2). Le baron d'Apchier lui céda le double titre de baron de ces deux fiefs, qui lui fut confirmé par lettres patentes du Roi (3).

Mathieu Merle vint habiter le château de Salavas où il testa le 6 décembre 1583 et mourut l'année suivante.

Mathieu Merle avait épousé à Roffiac, dans la Haute-Auvergne, le 20 octobre 1576, Françoise d'Auzolles, fille de Guyol d'Auzolles, seigneur de Serres, et de Françoise de la Rochette. Françoise d'Auzolles se remaria, à Villeneuve-de-Berg le 28 avril 1585 avec Antoine de Beaumont, et une seconde fois au château de Salavas, le 24 juillet 1595 avec Adam d'Audibert, seigneur de Vandras, fils de Gabriel d'Audibert, seigneur de Lussan. Elle avait eu de son premier mariage, avec Mathieu Merle, plusieurs enfants, entre autres Herail de Merle, né le 7 septembre 1583, et Marie de Merle de la Gorce qui se maria le 29 juillet 1610 à Louis de Barjac, seigneur de Vals.

Herail de Merle, testa au château de Bannes, le 3 août 1621, et fut tué, comme nous le verrons plus tard, sur les bords de l'Ardèche par ses vassaux protestants révoltés.

Herail, baron de la Gorce, seigneur de Salavas, avait

(1) Fils de François Martin d'Apchier, tué le 24 juin 1586.
(2) Montravel. Loc. cit.
(3) Les armoiries de Merle de la Gorce sont : Coupé au 1er de Gueule, à l'épée d'argent garnie d'or ; au 2e Echiqueté d'argent et de sable.

épousé le 11 mars 1609, Anne de Balazuc de Montréal, fille de Guillaume de Balazuc, seigneur de Montréal, Chauzon, Johannas et Sanilhac, le plus ardent capitaine catholique du Vivarais.

Anne de Balazuc ne tarda pas à inspirer à son mari ses croyances religieuses et à l'amener à une abjuration dont les conséquences furent terribles pour lui et sa famille. Car les protestants ne pardonnèrent jamais à leur chef, et au fils de leur plus grand capitaine de les avoir abandonnés. Aussi, les protestants saisirent la première occasion de se venger de lui, et profitant de son séjour au siège de Montauban, ils s'emparèrent du château de Salavas qu'ils saccagèrent de fond en comble. Le baron de la Gorce, apprenant tous ces excès commis sur ses biens et envers sa femme et ses enfants, accourt avec le baron de Montréal, son beau-père et fond avec impétuosité sur les protestants commandés par Boule, de Salavas. Il est repoussé jusque sur les bords de l'Ardèche et tombe au pouvoir de ses ennemis qui voulurent en vain lui arracher son épée ; ils ne l'obtinrent qu'avec sa vie.

Son fils, Henri de Merle Ier, né le 3 août 1621, resta sous la tutelle du baron de Montréal, son grand-père maternel. Il se maria plus tard, le 31 octobre 1645, à Lucrèce Pape, fille de Guy Pape, seigneur de St-Auban et de Mabile de Massue. Il en eut :

Henri de Merle II, baron de la Gorce et de Salavas, vicomte d'Eve ou Ebbon, qui testa le 23 mars 1699, et fut tué au combat de Vagnas, en 1703, contre les camisards commandés par Jean Cavalier. Il avait épousé, le 28 février 1692, Anne Novi, fille de Mathieu Novi et de Suzanne Capon. Il en eut :

Mathieu de Merle, baron de la Gorce et de Salavas, vicomte d'Ebbon, qui testa le 27 janvier 1724. Il avait épousé le 2 octobre 1719 Marguerite Claude Guyon, fille de Louis Charles Guyon, seigneur de la Chevalerie et autres places, et de Marguerite Peniot ; il en eut :

1° Henriette-Julienne de Merle, qui épousa en 1742 Jean-Baptiste de Hautefort, seigneur de l'Estrange et comte de Montréal, fils de François de Montréal et de Catherine de Chananeilles.

2° Louis-Charles de Merle, né au château de Salavas, le 1er juin 1721, qui épousa Anne-Urbaine Grimoard de Roure.

Jean d'Hautefort et Henriette de Merle, eurent une fille Charlotte qui épousa, en 1769, son cousin, Urbain de Merle. Louis Scipion Jean-Baptiste, fils de Louis-Charles de Merle et de Urbaine Grimoard de Roure, né le 24 octobre 1745.

Louis-Charles de Merle, acquit en 1747 et le 8 décembre, de M. le comte de Rochemaure, chevalier, seigneur de St-Remèze, héritier de dame Françoise-Louise Dupont de Vallon, veuve de Messire Antoine de Brizieux, son mari, l'entière seigneurie de Vallon, avec ce qui reste, est-il dit, de l'ancien château et tout le nouveau, avec la cour, écurie, jardin et terres labourables. Ces derniers dans le lieu de Vallon, le domaine du Colombier, la terre et le Champ appelé la Jugesse et autres fonds quelconques nobles et ruraux appartenant aux seigneurs vendeurs.

Louis-Scipion-Urbain de Merle de la Gorce, et Charlotte de Hautefort, eurent deux enfants : 1° Henriette, Julienne de Merle qui épousa M. de Chapelain, seigneur de Génolhac; 2° Victor-Emmanuel de Merle, qualifié marquis de la Gorce dans son contrat de mariage avec dame Augustine-Éléonore, de Vimeur de Rochambeau, fut le dernier seigneur de Vallon de la branche aînée des de Merle de la Gorce. Il mourut dans le château de Vallon le 5 février 1842, ab intestat et sans postérité. Aux termes de son contrat de mariage, avec dame Augustine-Éléonore de Vimeur de Rochambeau, l'usufruit de ses biens passa sur la tête de celle-ci qui en fit cession, par acte reçu Me Villard, notaire à Vallon, à Henriette-Julienne de Merle de la Gorce, veuve de Chapelain sa belle-sœur. Cette dernière avait eu deux enfants de son mariage avec M. de Chapelain de Génolhac, qui, à la mort de leur tante, dame Eléonore de Vimeur de Rochambeau veuve d'Emmanuel de la Gorce, héritèrent de tous les biens laissés par ce dernier, y compris le château de Vallon, qu'ils vendirent en 1844 à la ville de Vallon (1).

La baronnie de la Gorce et la seigneurie de Salavas sont restées en la possession de cette branche de la famille de la Gorce de 1581 à 1842, c'est-à-dire pendant l'espace de 261 ans. Elle n'a joui de la seigneurie de Vallon que de 1747 à 1842, soit pendant l'espace de 95 ans.

SEIGNEURIE DE SALAVAS.

Après ce que nous avons déjà dit sur Vallon et la Gorce, l'histoire de Salavas n'offre rien de particulier ; on peut considérer Salavas comme un grand fief de la baronnie de la Gorce, car dès 1350, les seigneurs de la Gorce se qualifiaient seigneurs de Salavas, et il est à présumer qu'ils possédaient cette terre depuis fort longtemps déjà.

En 1408, elle subit le sort de tout l'héritage de la branche aînée de la Gorce ; elle passa dans la maison de Châteauneuf d'Apchier. Ceux-ci la vendirent, comme nous l'avons vu, en 1581, à la seconde branche des de la Gorce, les barons de Merle de la Gorce qui l'ont possédée jusqu'en 1842.

Les terres de cette seigneurie ont aussi subi le même sort

(1) Le marquis Victor Emmanuel Merle de la Gorce est décédé ab-intestat ; aux termes de son contrat de mariage avec Augustine-Eléonore de Vincent de-Rochambeau, l'usufruit de ses biens a passé sur la tête de celle-ci qui en a fait cession par acte reçu Me Villard, notaire à Vallon, à Henriette-Julienne Merle de la Gorce, veuve de Chapelain, sa belle-sœur.

(*Note de M. E. Villard, notaire à Vallon.*)

que celles de la baronnie de la Gorce et celles de la seigneurie de Vallon ; elles ont été toutes acquises par les habitants du pays par divers actes reçus différents notaires du dit lieu de la Gorce, Vallon, et Salavas, des possesseurs directs, ou de leurs héritiers, comme c'est établi par les divers registres des notaires que nous avons consultés et dont la transcription dépasserait le cadre que nous nous sommes fixé.

Nous croyons cependant ne pas devoir terminer ce rapide aperçu sur nos familles seigneuriales, sans dire quelques mots sur leurs résidences dont la destruction et la reconstruction est une véritable page de notre histoire locale et qui mérite d'être transcrite.

Au temps des guerres de religion, nos seigneuries ne furent pas épargnées, elles furent saccagées, prises et reprises par les deux partis ; celle de Vallon, toutefois, eut l'avantage de trouver dans ses seigneurs des protecteurs, dans ces temps difficiles ; aussi la communauté pleine de reconnaissance, se distingua par des présents soit en denrées, soit en sommes d'argent offertes gracieusement à ses seigneurs, ainsi qu'on le voit par des délibérations des 27 avril 1642, 29 décembre 1652, 18 novembre 1653, 22 octobre 1654 et 23 janvier 1656. Pour ne citer qu'un fait (1) dont le souvenir s'est conservé dans notre famille, les habitants protestants de Vallon s'étaient assemblés pour prier dans une grotte presqu'inacessible, la grotte de Beaumo-Basseto. Le curé de Vallon, par zèle, fit prévenir les soldats du château du baron de Merle de la Gorce, qui surprirent les protestants réunis, et qu'on conduisit dans les cachots sans distinction d'âge, de sexe et même, dit la chronique, jusqu'aux femmes enceintes ; ma bisaïeule était de ce nombre. On les emmena tous dans le château de Beauregard, sur le Rhône,

(1) Consigné dans le mémoire de M. le baron de la Gorce. loc. cit.

où ils furent enfermés dans des cachots, sans même un peu de paille pour se coucher. M. le comte de Vallon qui se trouvait à Paris, apprenant cette nouvelle, sollicita et obtint leur liberté. Pendant leur captivité au château de Beauregard, notre bisaïeule, accoucha d'un fils, et Madame de Brizieux, sœur de M. le comte de Vallon, daigna elle-même rassurer ces pauvres captifs et leur envoyer de Valence, où elle résidait, des matelas, des vivres en abondance et tous les autres objets propres à adoucir leur captivité (1).

En 1629 Vallon, ainsi que Salavas et Lagorce, possédaient un château-fort entouré de tours et de remparts crénelés. Les habitants avaient construit leurs demeures sous les murs mêmes du château-fort; quelques familles, possédant des terrains dans la plaine, s'y étaient établie. Ainsi à cinq ou six cents pas du château-fort de Vallon s'élevaient, à cette époque, trois cents maisons toutes protestantes, que les habitants avaient entourées d'un rempart, avec une demi-lune du côté de la plaine. Au milieu, ils avaient fortifié la maison Paris, de tours et de guérites ; hors de l'enceinte, une autre maison, appelée Peschaire (2) avait été environnée de palissades.

Lorsqu'en 1621, d'Antiege, envoyé par Chatillon, avec douze cents hommes, au secours de Vals, apprit la reddition de cette place, il était à Salavas; il descendit alors l'Ardèche, n'hésita pas à la franchir sur le pont d'Arc et arriva à Vallon, dont les habitants lui ouvrirent les portes. Le commandant catholique fut chassé de la ville et la place se disposa à soutenir un siège imminent.

Montmorency, en effet, ne tarda pas à y amener son armée qui venait de prendre Vals, et le dimanche des rameaux de l'année 1621, commençait l'investissement de Vallon.

(1) Archives de la famille Peschaire.
(2) Maison de la famille maternelle, de l'auteur.

Le siège fut long, mais malgré des prodiges de valeur, les bastions ne purent résister aux feux plongeants des canons de Montmorency. D'Antiège sur le point d'être forcé, demanda ; à capituler la place se rendit et Montmorency donna une heure à d'Antiège et aux siens pour sortir de Vallon, avec promesse de ne servir de six mois dans la province.

D'Antiège alla rejoindre Châtillon à Barjac, et Vallon fut livré au pillage et les maisons des habitants rasées. Le château-fort fut respecté, et commis à la garde des habitants.

Quelques années plus tard, en 1628, lors de la troisième guerre de religion, et lorsque de Rohan, à la tête de toute son armée, composée de cinq mille hommes, deux cents chevaux et de deux canons, accourut au secours des calvinistes du Vivarais, il fut arrêté par Salavas qui en était le poste avancé. Le baron de Montréal n'y avait jeté qu'une faible garnison commandée par Lachadenède, suffisante cependant pour arrêter l'ennemi, pendant les quelques jours nécessaires aux catholiques pour s'organiser. Ce fut le 10 mars que l'armée calviniste occupa le village tout protestant qui s'étendait sous le château, et le siège commença à coups de sape, de pétards, d'arquebuses d'un coté, de catapultes, de fauconneaux et de rouettes de l'autre ; mais rien ne devait résister aux canons de 12 et de 18 que de Rohan avait assis sur le coteau de Siziailles et qui ne laissaient debout, ni portes, ni guérites, ni flancs. Après onze jours d'une lutte acharnée, les fortifications étaient démantelées et l'assiégeant avait pénétré dans les caves du château ; sur les quarante-cinq hommes de Lachadenède, vingt-huit étaient hors de combat ; il dut se rendre pour avoir la vie sauve et sortit l'épée au côté. Deux cents protestants étaient restés sur le carreau. La tour du milieu de la rivière fit aussi sa soumission, ainsi que le château de Vallon, que Villard commandait pour le seigneur de Vallon.

Les châteaux de Salavas et de Vallon furent entièrement rasés par les protestants qui ne conservèrent que la tour de Salavas, pour défendre le gué de l'Ardèche et le moulin établi sur la rive gauche.

Jusqu'àprès la prise de Privas, les habitants de Salavas, Vallon et la Gorce restèrent unis sous le drapeau des religionnaires et entreprirent de nombreuses expéditions sur les terres des catholiques. Mais l'année suivante, en 1629 après le triomphe de Louis XIII, ils s'empressèrent de faire leur soumission. Le samedi, 2 juin, le roi les reçut à résipiscence et commit le baron de Vogué pour raser les murailles du château de la Gorce. Le 5 juin il traversa la Gorce, Vallon et l'Ardèche sous les créneaux de la tour de Salavas et ordonna la démolition du fort bâti près du pont-d'Arc (1).

Le mémoire de M. le baron de la Gorce, d'où nous avons tiré tant de précieux renseignements, mentionne aussi quelques documents inédits relatifs aux évènements qui se sont passés, en cette même année, 1629, et, en particulier, touchant la destruction du château-fort, à l'édification du nouveau château de Vallon.

« Le 10 mai 1629, est-il dit, Louis XIII étant au camp de « Privas, pour dédommager le seigneur de Vallon des pertes « qu'il avait faites en la démolition de son château par les « habitants qui avaient promis de le garder (2) lui fait don « de tous les biens, meubles et immeubles des habitants

(1) Histoire des guerres civiles du Vivarais par Dourille, page 178 et suivantes

(2) C'est à tort que l'on représenta à sa majesté que le pillage du château était le fait des habitants de Vallon, ce sont les soldats que le baron de la Gorce y maintenait, sous le prétexte de le garder, qui furent les auteurs du pillage dont se plaint la dame de Vallon dans l'acte du 25 août 1569.

(*Note de l'auteur.*)

« de Vallon, acquis à sa majesté et au fisc pour crime de « rebellion.

« Le 19 juin suivant, une transaction se passa par de- « vant Me Rivière, notaire, entre le seigneur de Vallon et « les habitants, par laquelle les habitants pourront rentrer « dans tous les droits et prétentions que ledit sei- « gneur pouvait avoir et prétendre sur les biens de la com- « munauté de Vallon, par moyen et en vertu du dit don à « lui fait par sa majesté, et tant pour la dite démolition de « son château de Vallon, prise et pillage de ses meubles, « qu'autres dommages faits en ses domaines et jouissant d'y « ceux, moyennant la somme de 10,000 livres payées pour « une fois, que les consuls et habitants promettent de payer, « et qui fut immédiatement comptée par un sieur Malzieu « auquel la communauté avait vendu une coupe de bois à « cet effet : outre cette somme de 10,000 livres les consuls « et les habitants s'obligent envers le seigneur de lui faire « et fournir toutes et chacunes manœuvres et journées qui « lui seront nécessaires lorsqu'il voudra bâtir et édificier « une maison ou château pour son habitation, soit au dit « lieu où il a été démoli, ou en une autre part de la juri- « diction, auquel endroit les habitants seront tenus de por- « ter à leurs dépens tous et chacuns des matériaux néces- « saires, soit pierres, chaux et sables, eau, poutres che- « vrons, moyennant ce, le seigneur se départ de toutes les « prétentions qu'il avait sur les dits biens des dits habitants, « et consent que chacun d'eux, comme le concerne puisse « reprendre la possession, sauf néanmoins les charges et re- « devances dont par ci-devant les habitants étaient char- « gés envers lui. Conformément aux titres de reconnais- « sances qui lui en ont été passés et à ses prédécesseurs. « Les habitants se soumirent encore à faire pendant trois « années les journées nécessaires pour la construction du « nouveau château. »

Par suite de cette transaction ratifiée devant le même notaire, le 29 juin, et totalement libérée, le 29 janvier 1639, de l'année suivante, les habitants de Vallon, édifièrent par corvée, le château actuelde Vallon, mentionné dans la vente faite en 1747 par Madame de Brizieux et confirmée plus tard par le comte de Rochemaure, son héritier, au baron de la Gorce, et à l'extinction de cette famille, la ville de Vallon en fit l'acquisition en 1844, et le convertit en salle de mairie et des écoles communales.

OLLIER DE MARICHARD,

Officier d'académie,
Correspondant du ministère de l'instruction publique.

Privas. — ROURE, imprimeur breveté.

ESSAI GÉNÉALOGIQUE DES DE LA GORCE

SEIGNEURS DE LA GORCE, DE SALAVAS ET MIRABEL, COSEIGNEURS DE VALLON

Première Branche.

Première famille des seigneurs de la Gorce, Salavas et Mirabel, coseigneurs de vallon.

de 1257 à 1408.

Giraud 1er de la Gorce.

Noble Albert de la Gorce.

Branche aînée.
Hugues de la Gorce et Alize d'Oriol.

Pierre de la Gorce — Mingone de la Gorce

Ennemonde de la Gorce et Guillaume Bermond seigneur de Sceautres et de Rochesauve.

Giraud III, chevalier, et Mingone Vilatte, dame de Vallon.

Anne de La Gorce et Beraud d'Apchier Baron de Chateauneuf-Randon.

Branche cadette.
Giraud II sieur de St-Laurent.

Heliot de la Gorce.

Antoine de la Gorce

Guillaume de la Gorce et Catherine Blesson.

Jean de la Roque et St-Laurent-Paul-Isabeau-Delphine-Françoise-Catherine.

Deuxième famille de barons de Gorce, Salavas Mirabel et llon.

de 1408 à 1581.

Beraud d'Apchier, baron de Chateauneuf-Randon.

Claude d'Apchier — Jean d'Apchier.

Jacques d'Apchier.

François Martin d'Apchier.

Jean vicomte de Vazeilles.

Troisième famille des seieurs de Vallon.

de 1486 à 1559.

Antoine des Astards.

Charles des Astards sieur de Laudun.

Joachim — Guillaume, — Marie. — François.

Christophe. — Samuel-Diane-Suzanne. — Jean, Ecuyer.

Jean. Claude

Diane.

uatrième famille des seiurs de Vallon.

de 1559 à 1625.

Antoine François de La Beaume et Jeanne de Borne.

Jean de la Beaume et Françoise de Montagut-Beaune. — Marie de la Beaume et Jean de la Roque et St Laurent.

Christophe. François. Gasparde. Marie. Marthe. — Jeanne de la Beaume (Jeanne de Vallon) et Jean de Surville.

et Antoine Dupont Comte de Vallon.

nquième famille des seirs de Vallon.

de 1625 à 1748.

Jean François. Hignace. Françoise. Angélique. Marie Louise. Henri.

Hignace et le chevalier morts tous deux en Bohème. — Louise Françoise et Antoine de Brizieux.

Deuxième Branche des de La Gorce.

BARONS DE LA GORCE, SALAVAS ET VALLON

xième famille des barons de orce, Salavas et Vallon.

de 1581 à 1842.

Mathieu de Merle de la Gorce, capitaine, et Françoisè d'Auzolles.

Herald de Merle de la Gorce et Anne de Montréal — Marie de la Gorce et Louis de Barjac.

Henri I de la Gorce.

Henri II de la Gorce.

Mathieu de Merle de La Gorce.

Louis Charles de Merle de la Gorce. — Henriette, Julienne de Merle de la Gorce. et Jean Baptiste de Hautefort.

Louis Scipion Urbain de Merle de la Gorce et Charlotte de Hautefort. — Charlotte de Hautefort.

Victor Emmanuel de Merle, marquis de la Gorce et Augustine Eléonore de Vimeur de Rochambeau — Henriette Julienne de la Gorce et de Chapelain de Genolhac.

www.ingramcontent.com/pod-product-compliance
Lightning Source LLC
LaVergne TN
LVHW010407240826
846091LV00020B/2823